Michel Butor

Die Stadt als Text

D1669423

Essay
eine Literatur-Reihe
herausgegeben von Walter Grond

Michel Butor

Die Stadt als Text

Aus dem Französischen
von Helmut Scheffel

Literaturverlag Droschl

für Toru Shimizu

I. - Der Text der Stadt

Wenn ich zum erstenmal in eine fremde Stadt komme, nach Tokio zum Beispiel, werde ich begleitet, empfangen, verfolgt von Text. Man hat mir von der Stadt erzählt. Ich habe in Zeitungen oder Büchern darüber gelesen, und oft habe ich mir Informationsmaterial beschafft, um sie zu besichtigen, um mein Leben dort leichter zu machen, meinen Blick zu schärfen: Reiseführer, Handbücher, historische Werke.

Bücher, die ich vor meiner Ankunft gelesen habe, die ich während meines Aufenthaltes lese, solche, die nach meiner Rückkehr zu lesen ich mir vornehme, die ich manchmal wirklich später lese, mich erinnernd, andere Reisen vorbereitend. Mitunter wird das vom Schreiben begleitet: Briefe, die ich habe schreiben müssen, um meinen Aufenthalt vorzubereiten, Notizen, die ich von Tag zu Tag mache (was ich nur manchmal tue), ein geplantes Buch.

Manche Städte haben ein ungeheures literarisches Gewicht, man begegnet ihnen fast überall, in manchen Büchern fast auf jeder Scite. So Tokio, denke ich mir, schon seit Jahrhunderten in der japanischen Literatur, Paris natürlich in der französischen, mit einigen anderen Städten in deutlichem Abstand, unter denen Rom die erste wäre, dann, je nach den Epochen, die großen alten oder modernen Hauptstädte: Athen, Jerusalem auf der einen, London, New York auf der anderen Seite. Man könnte für jede Kultur ein Diagramm der Stadtpräsenzen entwerfen.

Während ich mich in der Stadt aufhalte, helfen die Texte, mit denen ich mich versehen habe, mir mehr oder weniger. Manche ergänzen einfach nur, was ich sehe, wie ein Hintergrund oder eine besondere Seite, ohne mir jedoch im alltäglichen Leben von Nutzen zu sein; am wichtigsten für mich sind solche, die mit dem eigenen Text der Stadt verbunden sind, die mir helfen, ihn und sie zu lesen. Unter Text der Stadt verstehe ich zunächst die Unmenge an Aufschriften, mit denen sie überzogen ist. Gehe ich durch die Straßen einer modernen Großstadt, erwarten und bestürmen mich überall Wörter: nicht nur, daß die Leute, denen ich begegne, miteinander sprechen, sondern vor allem die Schilder an den Gebäuden, an den Stationen der Untergrundbahnen, der Bushaltestellen, durch die ich, falls ich in der Lage bin, sie zu lesen, feststellen kann, wo ich mich befinde, wie ich zu einer anderen Station gelange. Bin ich in dieser Hinsicht Analphabet, bin ich verloren, machtlos, einem nicht kontrollierbaren Führer ausgeliefert; ich falle in eine triste Unmündigkeit zurück. Das passiert im allgemeinen dem westlichen Besucher, der nach Tokio kommt und nichts oder fast nichts von der Sprache versteht. Glücklicherweise kommt ihm gelegentlich das Englische als vermittelnde Sprache zu Hilfe.

In manchen großen Straßen häufen sich riesige, prunkende, leuchtende, blinkende, wechselnde Aufschriften, dies oder jenes in bekannten oder unbekannten, hellen oder dunklen Buchstaben anpreisend. In den Schaufenstern geben Schildchen die Preise an, präzisieren Qualität und Herkunft der Waren; in den Restaurants Speisekarten; in den Museen mitunter lange Kommentare. Wo ich auch halt mache, bin ich umgeben, eingekreist von Text, und beim Zurechtfinden innerhalb dieser Masse können bestimmte Bücher mir helfen, solche, die mir eine Analyse der äußeren Beschaffenheit dieses Ensembles geben, oft mit Hilfe von Karten, Plänen, Übersichten, und es mir ermöglichen, am Verkehr teilzunehmen, mich von einem Anhaltspunkt zum anderen zu bewegen: ich weiß dann, welches Viertel ein bestimmter Name meint, welcher Art es ist, welche Möglichkeiten es bietet, welche besonderen Merkmale und welche auffälligen Punkte.

Zu diesem offenkundigen Text, der aus Wörtern gebildet ist, die man in den Wörterbüchern findet, kommt ein großer Bereich von Halbtext, von nicht ausgeführter, im Entstehen begriffener Schrift, das Ensemble von Signalen und eben der Anhaltspunkte: das grüne Licht an der Kreuzung sagt uns, daß wir die Fahrbahn überqueren können, der Pfeil, daß wir abbiegen müssen, der weiße Balken auf der roten Scheibe, daß diese Richtung verboten ist. Ein Ideogramm zeigt den Weg zu einem bestimmten Gebäude; ein Denkmal, das wir am Ende einer Straße erblicken, macht uns begreiflich, daß wir nach links gehen müssen, wenn wir zu unserem Hotel zurückkehren wollen. Zu den Zeichen des sprachlichen Repertoires treten unzählige andere, die man wie die einer Sprache zu entziffern und zu handhaben lernen muß. Man kann sogar sagen, daß alle Teile einer Stadt einander wechselseitig ein wenig durch ein Vokabular bezeichnen, das man erwerben muß und das die Bücher uns manchmal lehren können.

II. - Die Stadt als Anhäufung von Text

Es gibt mehr oder weniger literarische Städte, in
dem Sinne, daß sie eine mehr oder weniger große
Rolle innerhalb einer Literatur spielen, mitunter in
einem solchen Maße, daß es nicht möglich ist, spe-
zielle Untersuchungen klassischer Autoren zu ver-
tiefen, ohne sie besucht, sie konsultiert zu haben,
wie man ein Wörterbuch konsultiert. Es gibt mehr
oder weniger buchhafte Städte, je nachdem ob ihre
eigene Sprache stärker oder schwächer mit Büchern
verbunden ist, oder diese es mehr oder weniger
ermöglichen, sie zu erlernen: so ist eine japanische
Stadt mit englischen Aufschriften, die vielleicht vom
Gesichtspunkt der Literatur weniger bedeutend ist,
für einen westlichen Besucher, auch wenn er nicht
Englisch spricht, doch leichter zu entziffern als eine
andere, die überhaupt keine Aufschriften hat. Man
kann sich Städte vorstellen — man braucht nur ein
wenig in die Vergangenheit zurückzugehen —, in
denen der Text viel weniger zutageliegt. In Tokio
sieht auch ein unwissender westlicher Besucher, daß
es überall Text gibt. In irgendeiner afrikanischen
Stadt konnte der Forscher im vergangenen Jahrhun-

dert nirgendwo einen erkennen; er konnte sich nur nach Merkmalen richten. Vor allem aber gibt es mehr oder weniger Textstädte, je nach den Textmengen, die in ihnen angehäuft sind.

Denn bisher habe ich, auch wenn ich Signale und Anhaltspunkte erwähnt habe, nur von dem offenkundigen Text, dem zur Schau gestellten Text, nur von der Oberfläche gesprochen. Die Gespräche, die ich auf der Straße höre, stellen nur einen winzigen Teil im Verhältnis zu dem dar, was in den Häusern gesprochen wird. Das auf die Mauern Geschriebene ist geringfügig im Verhältnis zu dem, was sich in den Räumen anhäuft. Man braucht nur eine Buchhandlung zu betreten. Wenn ich alle gestapelten Blätter entfaltete, was für eine Fläche ergäbe das! Und alle aneinandergereihten Zeilen was für eine Strecke! Ich könnte auch in ein Schallplattengeschäft gehen; doch um bei dem Geschriebenen zu bleiben: Bibliotheken, Archive, Behörden, was für Lagerstätten! Alle Räume der Hochhäuser sind vollgestopft mit beschriebenem Papier oder Mikrofilmen.

Der offen zutageliegende Text wird durch das Lesen wiederbelebt, der verborgene Text jedoch, jener, der auf den Blättern eines noch nicht aufgeschlagenen Buches schläft, in den Kellerräumen der Lager, dieser schlafende Text ist von nicht geringerer Bedeutung. Entscheidend ist, daß man ihn eines Tages wird konsultieren können. Nichts geht mehr, sollte er vollständig verschwunden sein. Kein Gesetz könnte mehr angewandt werden.

Die Funktion der Stadt als Speicher von Texten ist so wichtig, daß man sich fragen kann, ob darin nicht ihre wichtigste Wurzel liegt. Archäologische Untersuchungen lehren uns, daß überall auf der Erde die ersten großen Städte zur gleichen Zeit entstanden sind wie die Schrift, welches auch immer deren Ausprägung war. Deshalb ist es vielleicht nicht so, daß sich Text an einem Ort angehäuft hat, weil sich viele Menschen dort befunden haben, sondern umgekehrt, weil sich Text gesammelt hat, lassen sich die Menschen dort nieder, um ihm gewissermaßen zu dienen. Der Sitz der Obrigkeit ist weniger der Ort der Regierung, des Oberbefehlshabers, des Oberpriesters, als vielmehr der Archive.

III. - Die Stadt als literarische Gattung

Die Stadt kann als ein literarisches Werk betrachtet werden, das natürlich auch nichtverbale Teile enthält — wie ein Theaterstück —, mit eigenen Regeln und Kompositionsverfahren, ein Werk einer außerordentlich weit ausgreifenden Gattung, da durch die Vermittlung der Bibliotheken, Buchhandlungen, Schulen etc., die gesamte Literatur zumindest einer Sprache als eines seiner Kapitel, seiner Akte, seiner Teile erscheinen kann.

Und innerhalb dieser großen Gattung, wieviele Stilunterschiede zwischen Tokio, Mexiko, New York oder Paris, wieviel Unterschiede sogar zwischen den verschiedenen Vierteln dieser Städte! Man kann diese je nach ihrer Textdichte klassifizieren — wobei die Archivviertel die maximale Anhäufung darstellen —, je nach dem Grad der Zurschaustellung ihres Textes, der Textmenge, die dort gleichzeitig zu sehen ist — da kämen dann die Geschäftsviertel oder manche Vergnügungsviertel an erster Stelle — je nach der Eigenschaft des Textes, nach seiner Färbung, so kann jeder Gewerbezweig zum Beispiel seine eigenen Straßen haben.

14

Von einer Großstadt zur anderen innerhalb der gleichen Sprache wechseln die Ausschnitte aus deren Vokabular, die Häufigkeiten. Die Bahnhöfe von New York und London etwa haben nicht die gleichen Namen, ebensowenig die Vorortstationen, zu denen die am meisten benutzten Züge fahren. Man liest nicht dieselben Wörter auf den Schildern, Anzeigetafeln, Fahrplänen. In einem vornehmen Wohnviertel unterscheidet sich die Grammatik von der eines Slums; die Gebildeten benutzen zahlreiche Ausdrücke, von denen die Unwissenden keine Ahnung haben, man hat eine andere Beziehung zu den schlafenden Texten, zu jener Obrigkeit, die von ihnen aufrechterhalten wird.

In den Vororten, die sich rasch ausdehnen, muß man den Straßen oft sehr schnell einen Namen geben; man wählt einen Bereich des Vokabulars, der dieser Stadtregion eine bestimmte Färbung verleiht. So hat man in Mexiko im Viertel der wohlhabenden Bürger, wo auch die Diplomaten der verschiedenen Botschaften wohnen, dem Polanco-Viertel, allen Straßen große Namen aus der abendländischen Literatur gegeben: um von der Eugène-Sue-Straße in die Edgar-Allen-Poe-Straße zu gelangen, kann man der Homer-Allee oder Horatius-Allee folgen und überquert dabei die nach Tennyson, Alexandre Dumas, Alfred de Musset, Anatol France, La Fontaine und Calderón de la Barca benannten Straßen. An anderer Stelle sind es die Namen der Staaten des großen Nachbarn, Alabama, Alaska,

15

Arkansas etc. Wieder an anderer Stelle die Namen archäologischer Sehenswürdigkeiten. All diese Wörter setzen sich fort, vervielfachen sich, hallen wider in den Namen von Geschäften, Tankstellen, Hotels; wir geraten in eine verblüffende Fülle gelenkter Evokationen.

Die Stadt als literarische Gattung läßt sich mit dem Roman vergleichen. Der große Romancier ist jemand, dem es gelingt, die Stimme seiner Personen hören zu lassen, er gibt jeder einen besonderen Stil, sein eigener Stil ist eigentlich ein Superstil, die Integration all dieser Stilerscheinungen, was ausreichte, ihn einen Orator oder einen lyrischen Dichter zu nennen. Auf die gleiche Weise integriert der Stil einer Großstadt eine ungeheure Menge an Unter-Stilen, die ihrer nebeneinander liegenden oder auch ineinander verschachtelten Dörfer.

Bestimmte Regionen kontrollieren die anderen, enthalten deren Vertretungen, fordern oder erzwingen Nachahmung, und das kann sich von Stadt zu Stadt entwickeln, eine bestimmte Stadt integriert eine Vertretung einer bestimmten anderen, oft ein Fragment, das sich mit seinem Stil, sogar mit seiner Sprache von ihr getrennt hat. Denken wir an Little Tokyo in Los Angeles, an die chinesischen, italienischen, puertoricanischen Viertel in New York. Hier ergibt sich das Problem ihrer jeweiligen Autorität, der Einflüsse, die sie aufeinander ausüben.

16

Aber welcher gigantische Roman könnte mit solchen verbalen Ensembles in Wettstreit treten? Zumindest versucht man, ihre Funktionen, ihre Verknotungen, ihre Vielfaltigkeit nachzuahmen. Der neuzeitliche Roman, mindestens seit dem 18. Jahrhundert, ist wesentlich Stadtroman, Beschreibung der Stadt, die sich in einer anderen Stadt ausbreitet, in ihr wirksam ist oder in Beziehung zu ihr handelt.

IV. - Die Befestigungsmauern der Stadt

Mehr oder weniger mündliche Viertel, mehr oder weniger schriftliche; das Zentrum bildet einen Gegensatz zu den Vorstädten, doch dieser Gegensatz ist nur die Verlagerung nach innen des anderen grundsätzlichen Gegensatzes zwischen Stadt und Land.

Wenn die alten Städte von Mauern umgeben waren, so natürlich, um sie vor äußeren Gefahren zu schützen, Wölfen, Räubern, Feinden, aber auch, um zu verhindern, daß ihr innerer Schatz sich verteilt, verlorengeht.

Das ganze umliegende Land konsultiert die Stadt, trägt zur Errichtung der Tabernakelmauern bei. Die Stadt wird anerkannt als Gesetzgeber, Autorität, Zentrum, Wert; das Land glaubt dann, ohne sie nicht mehr überleben zu können, befürchtet, ohne diesen Knoten, den Ballast, die Reserve zu zerfallen.

Das Geschriebene, das sich dem Mündlichen entgegenstellt, das Sakrale dem Profanen, die Stadt als Buch ist zunächst Tempel. Der Tempel ist die erste Form der Anhäufung von Text; er ist Stele. Er wird

Stadt durch das Entwickeln der Widersprüche seines Kultes.

Das Sichtbare, das sich dem Diffusen entgegenstellt, das Helle dem Dunklen, die mächtigen Befestigungsmauern sind Ausdruck dieser Unterscheidung. Man muß die Stadt aus der Ferne sehen, sie sogar hören, daher die hohen Pagoden, die Glocken, unsere riesigen Kathedralen.

Das christliche Rom liefert uns ein überzeugendes Beispiel für das Gleichgewicht zwischen Zentrum und Land mit dem feierlichen päpstlichen Segen *Urbi et orbi*, der Stadt und der Welt. Die Welt ist in zwei komplementäre Hälften geteilt, die jedoch keineswegs gleichwertig sind: die Stadt, so glaubt man, hält das Ganze zusammen. Das hat die französische Gesellschaft mit ihrem Gegensatz zwischen Paris und der Provinz zu reproduzieren versucht. Alle Wege führen nach Rom, heißt es; wir wissen, wie schwierig es ist, von einem Punkt Frankreichs mit der Eisenbahn oder auf der Autobahn zu einem entfernten anderen zu gelangen, ohne über die Hauptstadt zu fahren.

Die zentrale Stadt kann sehr wohl Satelliten haben, Delegierte im Zentrum einer bestimmten Region des Landes, die im übrigen wiederum innerhalb ihrer Mauern vertreten ist: es kann in Paris ein Viertel der Bretonen geben oder eines der Provençalen. Die sekundären Städte werden von der Hauptstadt als ihre Spiegel betrachtet, ihre Echos, ihre Glieder, wodurch die Distanz sich nur noch vergrößert und vertieft: auf der einen Seite die Übermacht, auf der anderen die absolute Gefügigkeit.

Es ist fast jener Abgrund, der in den monotheistischen Religionen den Schöpfer von der Kreatur trennt, und gerade bei diesen Religionen ist der Gegensatz am ausgeprägtesten zwischen dem marginalen Umherirren und dem Zentrum der Welt: Mekka, Rom, Jerusalem — mag dieses als Zentrum auch verloren sein.

Solange Polytheismus herrscht, das heißt solange die Stadt in ihrem Schoß die Vertretungen anderer gleichwertiger Zentren akzeptiert, ihrer Sprachen und Stile, die sich Götter-Ideogrammen einschreiben, kann es Gleichgewicht und Frieden geben, doch wenn der Gott unduldsam und "eifersüchtig" wird, wenn er neben seinem Tempel keinen anderen mehr duldet, wird er ihn auch in der Ferne nicht mehr dulden, führt das zwangsläufig zu einem Imperialismus. Man muß den Weg über ihn gehen: es ist der Weg, der einzige Weg.

In der kaiserlichen Hauptstadt spiegelt der Gegensatz Zentrum - Vorstadt, Viertel *intra* und *extra muros* den Gegensatz Stadt-Land, doch um ihn aufrechtzuerhalten, muß eine neue größere Umwallung das sich ausdehnende Ensemble einfassen, um das sich wiederum neue Vorstädte bilden können, die dann selbst abermals einbezogen werden müssen.

Jeder Ring ist wie die Stufe einer Zikkurat, eine Etage des Turmes von Babel, wie ihn Pieter Brueghel d. Ä. gemalt hat, auf der eine der Gesellschaftsklassen sich niederläßt. Um von einem Punkt dieses Ringes zum entgegengesetzten anderen zu gelangen, müßte man die zentralen Ringe durchqueren, die ihre Macht immer stärker spüren lassen, Prüfungen und Demütigungen vervielfachen. Bald wird man in die erhabenste innere Einfriedung nur noch durch Vermittler, Vertreter vordringen können; sie wird zur Verbotenen Stadt inmitten der Stadt. Der Landbewohner wird vertreten durch den Bewohner der Vorstädte, der sich vertreten läßt durch den Bürger, durch den Adligen und so fort. Das Zentrum, durch das der Weg führen muß, kann man selbst nicht mehr durchqueren, das erfüllte Erhabene wird als eine Leere erlebt, das innerste Zentrum wird für die meisten Bewohner zu einer verlorenen Mitte, der grundlegende Text ist für den Laien nicht mehr zu entziffern. Innerhalb der heiligen Stadt des Vatikans, im Herzen des heutigen Rom, wird offiziell immer noch Lateinisch gesprochen.

V.- *Umkehrung des Textes der Stadt*

Je eifersüchtiger und unduldsamer das Zentrum
oder sein Gott war, umsomehr wurde durch seinen
Verlust — sei er auch begründend, wie die
Hedschra, die "Auswanderung", für den Islam, oder
die Folge eines Eingreifens der äußeren Geschichte,
wie die römische Eroberung für den Judaismus —
sein Volk zum Nomadentum verurteilt. Doch ist es
ein Nomadentum, bei dem Städte miteinander in
Berührung kommen, von Vorstadt zu Vorstadt, von
Ruine zu Ruine. Diese nachstädtischen Nomaden
spielen eine wesentliche Rolle bei der Überliefer-
ung, der Verbreitung der Texte, bei dem Ersetzen
des festverankerten Tempels durch sein bewegliches
Äquivalent, das Buch. Die Anhänger des eifersüch-
tigen Gottes nennen sich selbst Völker des Buches.

Die Figur der kaiserlichen Stadt als ein Ensemble
von konzentrischen Umfassungsmauern wird komplizierter, sobald ein Autoritätskonflikt innerhalb
oder auch außerhalb entsteht; jede Macht wünscht
ihre eigene Befestigungsmauer. Man braucht nur an
die westlichen "Konzessionen" in Shanghai zu er-
innern. Sie wird auch dann jedesmal komplizierter,

wenn die Entwicklung eines der Ringe zu einem Hindernis für die Ausstrahlung des Zentrums wird, wenn es dieses verdunkelt. Die höchste Autorität kann dann das Zentrum verlassen, wie es in Frankreich im 17. Jahrhundert geschehen ist, als Versailles geschaffen wurde, um dem Pariser Tumult zu entgehen, ein Beispiel, dem viele andere Nationen gefolgt sind. Damit hat sich eine Umkehrung vollzogen: um die Autorität zu konsultieren, begibt man sich nicht mehr ins Zentrum der Stadt, man verläßt es.

Die Entwicklung der Transport- und Informationsmittel beschleunigt den Prozeß. Wenn man sich zu Fuß oder zu Pferde fortbewegt, führt der kürzeste Weg von einem Vorort zu dem entgegengesetzt liegenden durch das Zentrum, so überfüllt das auch sein mag. Wenn es nur ein Exemplar des Textes, Stele oder Manuskript, gibt, muß man es dort konsultieren, wo es sich befindet, so umständlich das auch ist. Wenn aber Fortbewegungsmittel und Straßen perfektioniert sind, wird man schneller vorankommen, wenn man den Ballungsraum umgeht. Wenn der Buchdruck für uns zuverlässige Exemplare vervielfacht, wenn das Telephon uns Gespräche über Entfernungen hinweg ermöglicht, wenn Presse, Telex, Radio uns die Informationen ins Haus liefern, brauchen wir nicht mehr in die Archive selbst zu gehen, sie verbreiten sich im Raum.

Damit verkommen die Zentren der alten Städte. Die Wohlhabenden lassen sich im Grünen nieder, haben ihre Autos, mitunter ihre Flugzeuge zur Verfügung. Der ehemalige Sitz der Macht verfällt, beherbergt die Armen, wird zu einem inneren Slum, bis es solche Gefahren birgt, daß man es räumt und reinigt, um daraus eine touristische Zone zu machen.

Die Vorstädte statten sich mit ihren Geschäften und Attraktionen aus, daß man sich nicht mehr in das verschmutzte, heruntergekommene Zentrum zu begeben braucht; man vermeidet es, man entflieht ihm auf der Suche nach Platz, und trifft bald auf die Vorstadt einer anderen Stadt. Schon lange sind die Mauern verschwunden, und mit Verwirrung stellt man fest, daß die alte wesentliche Unterscheidung zwischen Stadt und Land nicht mehr besteht.

Sicher geht in den meisten Weltgegenden die Entwicklung der alles zentralisierenden Hauptstädte weiter, in denen mitunter nahezu die Hälfte der Bevölkerung eines Landes lebt, das sonst fast verlassen ist; doch verblüffend bei der gegenwärtigen Veränderung der Städte, die am Anfang unseres Jahrhunderts bereits riesig waren, ist ihre fortschreitende Umwandlung in ein städtisches Ballungsgebiet, das alles vom Land Verbliebene, selbst von der Wüste, aufsaugen muß, mit mehr oder weniger zentralen Bereichen, doch ohne daß man von einem absoluten Zentrum sprechen könnte; die Richtungen bleiben immer vielfach, welches auch der

Ausgangspunkt ist, eine Umwandlung, die in Korrelation zu der Information steht: die Schrift, welches auch ihre unersetzbare Nützlichkeit immer bleibt, ist nicht mehr das einzige Mittel, um einen Text zu fixieren und zu bewahren.

Die absolute Macht des Zentrums im Verhältnis zu dem ihn umgebenden Raum hatte zur Folge, daß es im Grunde, von welchem Punkt man auch ausging, nur eine erlaubte Richtung gab, und für die Texte übertrug sich das durch ihre so weit irgend möglich ausgeprägte Linearisierung. Es gibt nur einen Weg, und der führt von der ersten bis zur letzten Zeile. Dieses narrative oder diskursive Muster hat, wenn es auch de facto niemals vollkommen beachtet werden konnte, über Jahrhunderte hin den Literaturunterricht und die Kritik vor allem im Okzident beherrscht. Für uns geht es nicht mehr darum, mit der Macht einer imperialen Stadt zu wetteifern und zu deren Macht beizutragen, sondern im Gegenteil den Übergang zu einem ganz und gar neuen, prunkvollen Nomadentum zu beschleunigen.

Das Land innerhalb der Stadt suchte man schon in den verborgenen Gärten der Herrscher, die Verlagerung des königlichen Schlosses aus dem Zentrum nach Versailles ging einher mit dem Anlegen eines riesigen Parks. Dann folgen die öffentlichen Anlagen für alle Bürger. Wenn der Roman, wie er in den letzten Jahrhunderten entwickelt wurde, der Ausdruck par excellence der großen klassischen Stadt war, dann sind es die neuen mobilen und

offenen Formen — Ringe und Netze, für die
frühere Jahrhunderte uns viele Entwürfe liefern
können —, die wir heute vervollkommnen müssen,
um aktiver an der Verwandlung unserer Welt der
Zerrissenheit zwischen rivalisierenden Städten in
einen Garten von universaler Urbanität teilzunehmen.

© Literaturverlag Droschl Graz-Wien

Erstausgabe 1992

Der Text wurde von Michel Butor eigens für
die Reihe *ESSAY* geschrieben und existiert nur in der
vorliegenden Übersetzung.

Layout und Satz: MD Design

Herstellung: Grazer Druckerei

ISBN 3-85420-235-0

Literaturverlag Droschl A-8010 Graz Bischofplatz 1